LEER BRAZILIAANS PORTUGEES VOOR BEGINNERS

MIJN EERSTE 1000 WOORDEN

EFFIE DELAROSA

INHOUDSOPGAVE

6-7	PRATEN
8	GETALLEN
9	FAMILIE
10-12	VOEDSEL
13	VOERTUIGEN
14	REIS
15-17	DIEREN
18-19	TIJD (1)
20-23	WERKWOORDEN
24	SCHOOL

INHOUDSOPGAVE

25-26	WERK
27	FRUIT
28	GROENTEN
29	GEVOELENS
30-32	BIJVOEGLIJK NAAMWOORDEN
33	NATUUR
34	CULTUUR
35	KLEUREN
36	VORMEN EN RICHTINGEN
37-40	THUIS

INHOUDSOPGAVE

41	VOORZETSELS
42-44	MENS
45	TIJD (2)
46-49	LAND - BEVOLKING
50	KLEDING
51	ACCESSOIRES
52	RUIMTE
53	WINKELEN
54-56	BIJWOORDEN
57	MENSEN

58	SPORT
59	WERELD
60-61	INTERNET
62-63	WOORDENSCHAT
64	GEREEDSCHAP
65-66	WETENSCHAP
67	STAD
68	MATERIALEN
69	AARDE
70	MUZIEK
71	POST
72	ECOLOGIE

FALAR / PRATEN

Sim / Ja	Não / Nee	Olá / Hallo
Obrigado / Bedankt	Adeus / Doei	Por favor / Alsjeblieft
E / En	Ou / Of	Isto / Dit
Eu / Ik	Você / Jij	Ele / Hij
Ela / Zij	Nós / Wij	Eles / Zij

6

Desculpa	Mas	Boa noite
Sorry	Maar	Fijne avond

Porque	Bem-vindo	Onde
Omdat	Welkom	Waar

Que	Quanto	Qual
Wat	Hoeveel	Welke

Incrível	Fofo	Ajuda
Geweldig	Schattig	Hulp

Se	Quando	Por quê
Als	Wanneer	Waarom

FALAR

PRATEN

7

NÚMEROS / GETALLEN

0 ZERO — Nul

1 UM — Een

2 DOIS — Twee

3 TRÊS — Drie

4 QUATRO — Vier

5 CINCO — Vijf

6 SEIS — Zes

7 SETE — Zeven

8 OITO — Acht

9 NOVE — Negen

10 DEZ — Tien

15 QUINZE — Vijftien

20 VINTE — Twintig

100 CEM — Honderd

1000 MIL — Duizend

Mãe
Moeder

Pai
Vader

FAMÍLIA
FAMILIE

Irmão
Broer

Irmã
Zus

Avó
Oma

Avô
Opa

Filho
Zoon

Filha
Dochter

Tia
Tante

Tio
Oom

Neta
Kleindochter

Neto
Kleinzoon

Esposa
Vrouw

Esposo
Man

Café da manhã
Ontbijt

Almoço
Lunch

Jantar
Avondeten

Refeição
Maaltijd

Pão
Brood

Queijo
Kaas

Ovo
Ei

Peixe
Vis

Carne
Vlees

Manteiga
Boter

Presunto
Ham

Salsicha
Worst

Iogurte
Yoghurt

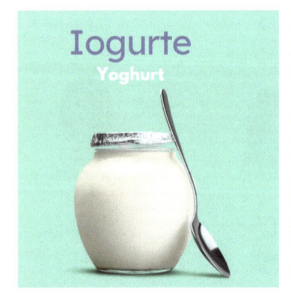

Bolo
Taart

Chocolate
Chocolade

Sal Zout **Pimenta** Peper	**Açúcar** Suiker **Bebida** Drankje

Farinha de trigo Bloem

Pirulito Lolly

Mel Honing

Rosquinha Donut

Sorvete Ijs

Água Water

Café Koffie

Leite Melk

Suco de laranja Sinaasappelsap

Chá Thee

Chocolate quente Warme chocolademelk

Comida	Eten
Vitamina	Vitamine
Sobremesa	Toetje
Cereais	Granen
Cebola	Ui
Feijões	Bonen
Milho	Mais
Trigo	Tarwe
Aveia	Haver
Catchup	Ketchup
Mostarda	Mosterd
Temperos	Kruiden
Óleo/Azeite	Olie
Arroz	Rijst
Macarrão	Pasta

veículos / voertuigen

AVIÃO	BARCO	NAVIO
VLIEGTUIG	BOOT	SCHIP

CARRO	MOTO	TREM
AUTO	MOTOR	TREIN

TRATOR	BICICLETA	ÔNIBUS
TRACTOR	FIETS	BUS

TÁXI	METRÔ	CAMINHÃO
TAXI	METRO	VRACHTAUTO

AMBULÂNCIA	HELICÓPTERO	BONDE
AMBULANCE	HELICOPTER	TRAM

viagem
reis

FÉRIAS
VAKANTIE

AEROPORTO
VLIEGVELD

ESTAÇÃO DE TREM
TREINSTATION

PORTO
HAVEN

TURISTA
TOERIST

HOTEL
HOTEL

CASA
HUIS

APARTAMENTO
APPARTEMENT

MALA
KOFFER

PASSAPORTE
PASPOORT

MAPA
PLATTEGROND

PISCINA
ZWEMBAD

ESTRADA
WEG

RUA
STRAAT

CAMINHADA
WANDELING

DIEREN / ANIMAIS

Pássaro  Vogel	Gato  Kat	Cachorro  Hond
Pato  Eend	Rato  Muis	Pombo  Duif
Coelho  Konijn	Elefante  Olifant	Macaco  Aap
Galinha 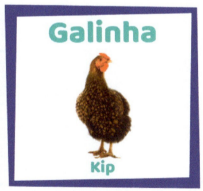 Kip	Vaca  Koe	Burro  Ezel
Cabra/Bode  Geit	Cavalo  Paard	Porco  Varken

Ovelha  Schaap	**Ganso**  Gans	**Urso**  Beer
Camelo 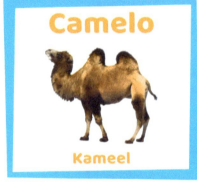 Kameel	**Sapo**  Kikker	**Cobra**  Slang
Tartaruga  Schildpad	**Lobo**  Wolf	**Crocodilo**  Krokodil
Dinossauro  Dinosaurus	**Girafa**  Giraf	**Canguru**  Kangoeroe
Lagarto  Hagedis	**Tigre**  Tijger	**Zebra**  Zebra

DIEREN / ANIMAIS

Tubarão  Haai	**Caranguejo**  Krab	**Golfinho** 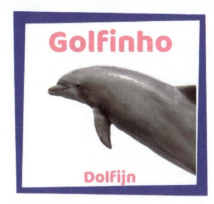 Dolfijn
Água-viva  Kwal	**Lagosta**  Kreeft	**Cavalo-marinho**  Zeepaard
Arraia  Rog	**Polvo** 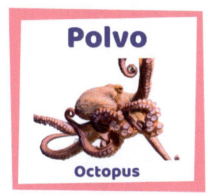 Octopus	**Borboleta**  Vlinder
Barata  Kakkerlak	**Aranha**  Spin	**Besouro**  Kever
Libélula  Libel	**Formiga**  Mier	**Abelha**  Bij

DIEREN / ANIMAIS

DIA	DAG

Segunda-feira	Terça-feira	Quarta-feira	Quinta-feira
MAANDAG	DINSDAG	WOENSDAG	DONDERDAG

Sexta-feira	Sábado	Domingo	Semana
VRIJDAG	ZATERDAG	ZONDAG	WEEK

TEMPO	TIJD

HORA	MINUTE
UUR	MINUUT

ANO	JAAR

MÊS	MAAND

JANEIRO	FEVEREIRO	MARÇO	ABRIL
JANUARI	FEBRUARI	MAART	APRIL

MAIO	JUNHO	JULHO	AGOSTO
MEI	JUNI	JULI	AUGUSTUS

SETEMBRO	OUTUBRO	NOVEMBRO	DEZEMBRO
SEPTEMBER	OKTOBER	NOVEMBER	DECEMBER

Inverno Winter **Outono** Herfst **Primavera** Lente **Verão** Zomer 	**Estação** Seizoen 

Vento Wind

Chuva Regen

Tempestade Onweer

Manhã Morgen

Tarde Middag

Noite Nacht

Clima Klimaat

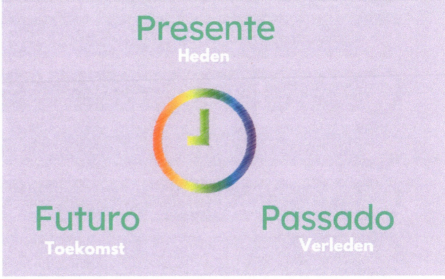

Presente Heden

Futuro Toekomst

Passado Verleden

VERBOS

WERKWOORDEN

ter	hebben
ser	zijn
fazer	doen
dizer	zeggen
poder	kunnen
ir	gaan
ver	zien
saber	weten
querer	willen
vir	komen
precisar	nodig hebben
ter que	moeten
acreditar	geloven
achar	vinden
dar	geven

VERBOS

WERKWOORDEN

pegar	nemen
falar	praten
pôr	leggen
parecer	lijken
sair	verlaten
ficar	blijven
pensar	denken
olhar	kijken
responder	antwoorden
esperar	wachten
viver	leven
entender	begrijpen
entrar	binnenkomen
tornar-se	worden
voltar	terugkomen

VERBOS

WERKWOORDEN

escrever	schrijven
ligar	bellen
cair	vallen
começar	beginnen
seguir	volgen
mostrar	laten zien
rir	lachen
sorrir	glimlachen
lembrar	onthouden
jogar	spelen
comer	eten
ler	lezen
obter	krijgen
chorar	huilen
explicar	uitleggen

VERBOS

WERKWOORDEN

cantar	zingen
tocar	aanraken
cheirar	ruiken
respirar	ademen
ouvir	horen
pintar	verven
estudar	studeren
celebrar	vieren
escolher	kiezen
procurar	zoeken
perguntar	vragen
aproveitar	genieten van
imaginar	voorstellen
beber	drinken
mudar	veranderen

Alfabeto	Alfabet
Lápis	Potlood
Tesoura	Schaar
Caderno	Schrift
Mochila	Schooltas
Aluno	Leerling
Sala de aula	Klaslokaal
Matemática	Wiskunde
Amigos	Vrienden
História	Geschiedenis
Professora	Professor
Ciências	Wetenschap
Escola	School
Artes	Kunst
Geografia	Aardrijkskunde

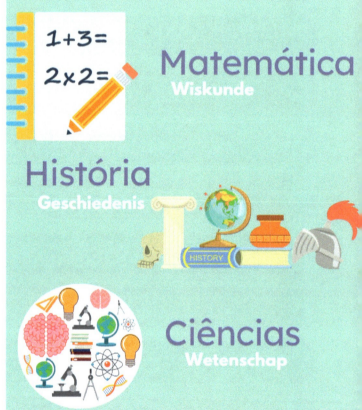
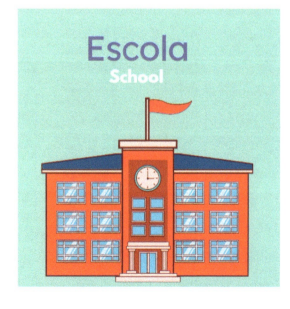

emprego
werk

ENFERMEIRA
VERPLEEGKUNDIGE

FAZENDEIRO
BOER

ARQUITETA
ARCHITECT

ENGENHEIRA
INGENIEUR

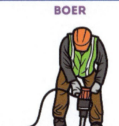
TRABALHADOR
ARBEIDER

BOMBEIRO
BRANDWEERMAN

JARDINEIRO
TUINIER

ADVOGADA
ADVOCAAT

PILOTO
PILOOT

ATOR
ACTEUR

DENTISTA
TANDARTS

MECÃNICO
MONTEUR

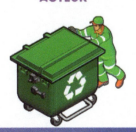
LIXEIRO
VUILNISMAN

CONTADORA
ACCOUNTANT

PSICÓLOGA
PSYCHOLOOG

emprego
werk

JORNALISTA
JOURNALIST

CARPINTEIRO
TIMMERMAN

MÚSICO
MUSICUS

ENCANADOR
LOODGIETER

COZINHEIRA
KOK

ESCRITORA
SCHRIJVER

CABELEIREIRA
KAPPER

SECRETÁRIA
SECRETARIS

MOTORISTA
CHAUFFEUR

POLICIAL
POLITIEAGENT

DOUTOR
DOKTER

VETERINÁRIO
DIERENARTS

OCULISTA
OPTICIEN

PEDIATRA
KINDERARTS

GARÇOM
OBER

FRUTAS

AMEIXA
PRUIM

PÊSSEGO
PERZIK

CEREJA
KERS

MAÇA
APPEL

UVA
DRUIF

MELANCIA
WATERMELOEN

ABACAXI
ANANAS

MORANGO
AARDBEI

FRAMBOESA
FRAMBOOS

PERA
PEER

BANANA
BANAAN

MELÃO
MELOEN

LIMÃO
CITROEN

AMORA
BRAAM

LARANJA
SINAASAPPEL

27

FRUIT

VEGETAIS / GROENTEN

COGUMELO — CHAMPIGNON

BRÓCOLIS — BROCCOLI

REPOLHO — KOOL

ASPARGO — ASPERGE

PEPINO — KOMKOMMER

CENOURA — WORTEL

RABANETE — RADIJS

ALFACE — SLA

BATATA — AARDAPPEL

TOMATE — TOMAAT

ABACATE — AVOCADO

ALHO-PORÓ — PREI

BETERRABA — RODE BIET

BERINGELA — AUBERGINE

ALCACHOFRA — ARTISJOK

sentimentos

Calmo
Kalm

Feliz
Blij

Decepcionado
Teleurgesteld

Animado
Enthousiast

Apavorado
Bang

Mal-humorado
Chagrijnig

Apaixonado
Verliefd

Surpreso
Verrast

Envergonhado
Verlegen

Orgulhoso
Trots

Irritado
Boos

Confuso
Verward

Cansado
Moe

Nervoso
Zenuwachtig

Curioso
Nieuwsgierig

gevoelens

adjetivos / bijvoeglijk naamwoorden

adjetivos	bijvoeglijk naamwoorden
-fantástico	fantastisch
-estranho	vreemd
-difícil	moeilijk
-engraçado	grappig
-estranho	raar
-fácil	makkelijk
-impossível	onmogelijk
-jovem	jong
-correto	juist
-livre	vrij
-doente	ziek
-mesmo	hetzelfde
-pobre	arm
-possível	mogelijk
-limpo	schoon

adjetivos / bijvoeglijk naamwoorden

-sujo	vies
-simples	makkelijk
-triste	zielig
-vazio	leeg
-boa	goed
-macio	zacht
-falso	fout
-grande	groot
-ruim	slecht
-sério	serieus
-velho	oud
-verdadeiro	waar
-lindo	mooi
-quente	heet
-frio	koud

adjetivos — bijvoeglijk naamwoorden

adjetivos	bijvoeglijk naamwoorden
-caro	duur
-clara	doorzichtig
-último	laatste
-diferente	anders
-forte	sterk
-legal	aardig
-alto	hoog
-humano	menselijk
-importante	belangrijk
-bonito	mooi
-leve	licht
-pequeno	klein
-novo	nieuw
-cheio	vol
-primeiro	eerst

Grama / Gras

Inseto / Insect

Flor / Bloem

Ar / Lucht

Neve / Sneeuw

Montanha / Berg

Nuvem / Wolk

Céu / Lucht

Névoa / Mist

Mar / Zee

Lago / Meer

Praia / Strand

Sol / Zon

Floresta / Bos

Árvore / Boom

CULTURA

JORNAL
KRANT

CINEMA
BIOSCOOP

TELEVISÃO
TELEVISIE

LIVRO
BOEK

ESCULTURA
BEELDHOUWWERK

MÁQUINA FOTOGRÁFICA
FOTOGRAFIE

MÚSICA
MUZIEK

CONCERTO
CONCERT

FILME
FILM

COMPUTADOR
COMPUTER

DICIONÁRIO
WOORDENBOEK

PINTURA
SCHILDERIJ

MUSEU
MUSEUM

ÓPERA
OPERA

TEATRO
THEATER

CULTURE

CORES — KLEUREN

azul	blauw
roxo	paars
rosa	roze
red	rood
laranja	oranje
amarelo	geel
verde	groen
preto	zwart
branco	wit
marrom	bruin
dourado	goud
cinza	grijs
prata	zilver
arco-íris	regenboog

FORMAS E DIREÇÕES
VORMEN EN RICHTINGEN

em frente a	voor
atrás	achter
esquerda	links
direita	rechts
meio	midden
quadrado	vierkant
círculo	cirkel
retângulo	rechthoek
cubo	kubus
losango	ruit
linha	lijn
oeste	west
leste	oost
norte	noord
sul	zuid

CASA
THUIS

37

COZINHA	PORTA	SALA DE JANTAR	BANHEIRO
KEUKEN	DEUR	EETKAMER	BADKAMER

JANELA	ESCADA	SÓTÃO	SAGUÃO
RAAM	TRAP	ZOLDER	HAL

ESCRITÓRIO	SACADA	PORÃO	VIZINHO
KANTOOR	BALKON	KELDER	BUUR

JARDIM	QUARTO
TUIN	SLAAPKAMER

CASA
THUIS

38

FORNO	AQUECEDOR	SOFÁ	GELADEIRA
OVEN 	VERWARMING 	BANK 	KOELKAST 
ABAJUR	**PIA**	**CELULAR**	**COPO**
LAMP 	WASTAFEL 	TELEFOON 	GLAS 
PRATO	**ESPELHO**	**RELÓGIO**	**CADEIRA**
BORD 	SPIEGEL 	KLOK 	STOEL 

CAMA	MESA
BED 	TAFEL 

CASA
THUIS

PAREDE	TELHADO	CONGELADOR	ARMÁRIO
MUUR	DAK	VRIEZER	KAST

PLANTA	LAREIRA	ASPIRADOR DE PÓ	TORNEIRA
PLANT	HAARD	STOFZUIGER	KRAAN

LAVA-LOUÇAS	MICROONDAS	TAPETE	CAMPAINHA
VAATWASMACHINE	MAGNETRON	TAPIJT	DEURBEL

   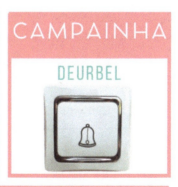

PERSIANA	CHAVE
LUIK	SLEUTEL

CASA
THUIS

40

TOALHA	LENÇOL	SABONETE	PENTE
HANDDOEK	LAKEN	ZEEP	KAM

CORTINA	CANECA	CHUVEIRO	LÂMPADA
GORDIJN	MOK	DOUCHE	GLOEILAMP

  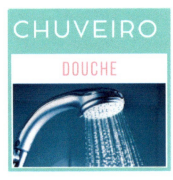 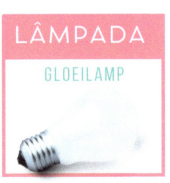

GARFO	COLHER	FACA	BANHEIRA
VORK	LEPEL	MES	BAD

   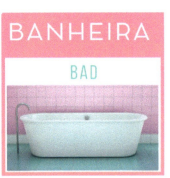

GARRAFA	LIXEIRA
FLES	VUILNISBAK

preposições / voorzetsels

para	voor
após	na
perante	voor(dat)
com	met
sobre	over
contra	tegen
na	in
sem	zonder
a partir de	sinds
em torno de	rond
em	op
como	zoals
durante	gedurende
entre	tussen
de	van

Humano Mens

corpo lichaam 	**cabeça** hoofd 	**mão** hand 
cabelo haar 	**rosto** gezicht 	**dedo** vinger 
orelha oor 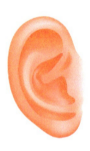	**olhos** ogen 	**unha** nagel 
nariz neus 	**boca** mond	**perna** been 
dente tand 	**lábios** lippen	**pé** voet

cérebro hersenen 	**sangue** bloed 	**coração** hart 
estômago maag 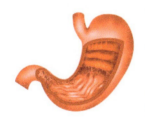	**fígado** lever 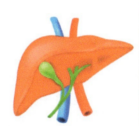	**rim** nier 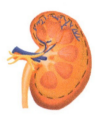
pulmões longen 	**intestino** darmen 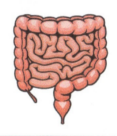	**umbigo** navel 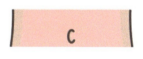
ombro schouder 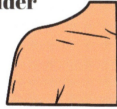	**língua** tong 	**barriga** buik 
quadril heup 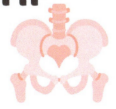	**joelho** knie	**tornozelo** enkel

Humano / Mens

pele huid 	**osso** bot 	**crânio** schedel 
pescoço nek 	**pulso** pols 	**sobrancelha** wenkbrauw 
garganta keel 	**pálpebra** ooglid 	**queixo** kin 
barba baard 	**bigode** snor 	**músculo** spier 
cotovelo elleboog 	**dedo do pé** teen 	**bochecha** wang 

tempo	tijd
ontem	gisteren
hoje	vandaag
amanhã	morgen
agora	nu
logo	gauw
tarde	laat
aqui	hier
distância	afstand
nascer do sol	zonsopkomst
meio-dia	middag
tarde	avond
meia-noite	nacht
década	decennium
século	eeuw
milênio	millenium

Europa

Europa

África

Africa

Ásia

Azië

América

Amerika

Inglaterra

Engeland

Alemanha

Duitsland

França

Frankrijk

Espanha

Spanje

Itália

Italië

Estados Unidos

Verenigde Staten

Brasil

Brazilië

Japão
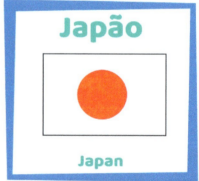
Japan

China
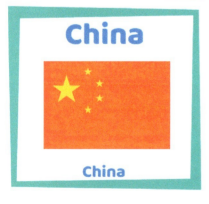
China

Índia

Índia

Rússia

Rusland

LAND / PAÍS

México

Mexico

Egito

Egypte

Turquia

Turijke

47

Nigéria

Nigeria

Tailândia

Thailand

Coreia do Sul

Zuid-Korea

Colômbia

Colombia

Argentina

Argentinië

Argélia

Algerije

Polônia

Polen

Arábia Saudita
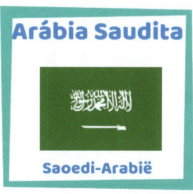
Saoedi-Arabië

Camarões

Kameroen

Países Baixos

Nederland

Suíça

Zwitserland

Suécia

Zweden

LAND / PAÍSES

LAND / PAÍSES

Grécia

Griekenland

Bélgica

België

Irlanda

Ierland

Noruega

Norwegen

Austrália

Australië

Dinamarca

Denemarken

Áustria

Oostenrijk

Finlândia

Finland

Portugal

Portugal

África do Sul

Zuid-Afrika

Indonésia

Indonesië

Tanzânia

Tanzania

Ucrânia

Oekraïne

Peru

Peru

Chile

Chili

BEVOLKING / POPULAÇÃO

Europeu  Europeaans	Americano  Amerikaans	Inglês  Engels
Francês  Frans	Espanhol  Spaans	Italiano  Italiaans
Alemão  Duits	Africano 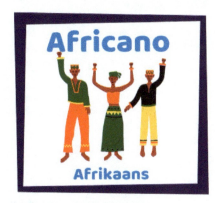 Afrikaans	Asiático  Aziatisch
Russo  Russisch	Chinês  Chinees	Canadense  Canadees
Indiano  Indiaans	Brasileiro  Braziliaans	Mexicano  Mexicaans

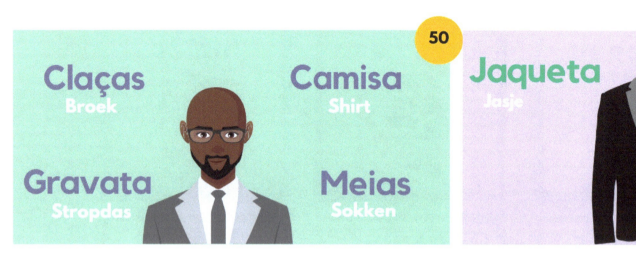

acessórios
accessoires

PULSEIRA	**RELÓGIO**	**JÓIAS**
ARMBAND	HORLOGE	SIERADEN

ANEL	**BRINCOS**	**LENÇO**
RING	OORBELLEN	ZAKDOEK

PIJAMAS	**SANDÁLIAS**	**BOTAS**
PYJAMA	SANDALEN	LAARZEN

CADARÇO	**COLAR**	**PANNTUFA**
VETERS	KETTING	SLOFFEN

MAQUIAGEM	**BOLSA**	**BOLSO**
MAKE-UP	HANDTAS	ZAK

Universo
Universum

Galáxia
Heelal

Cometa
Komeet

Via Láctea
Melkweg

Espaço
Ruimte

Asteróide
Asteroïde

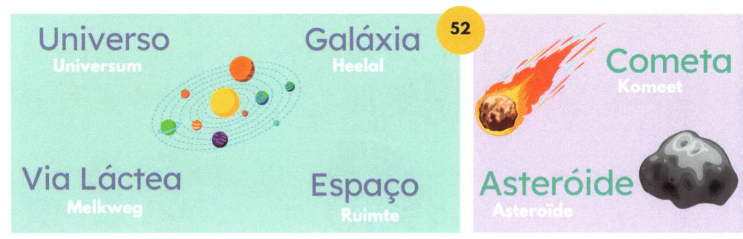

Lua
Maan

Terra
Aarde

Tempo
Tijd

Estrela
Ster

Luz
Licht

Planeta
Planeet

Astronauta
Astronaut

Foguete
Raket

Satélite
Satelliet

Preço — Prijs	Dinheiro — Geld
Pagar — Betalen	Cliente — Klant

Presente — Cadeautje

Conectado — Online

Banco — Bank

Livraria — Boekwinkel

Farmácia — Apotheek

Loja — Winkel

Restaurante — Restaurant

Festa — Feestje

Casamento — Bruiloft

Nascimento — Geboorte

Aniversário — Verjaardag

advérbios / bijwoorden

sempre	altijd
em outro lugar	ergens anders
aproximadamente	ongeveer
em todo lugar	overal
em algum lugar	ergens
em qualquer lugar	overal
em lugar algum	nergens
dentro	binnen
fora	buiten
portanto	dus
perto	dichtbij
acima	boven
lentamente	langzaam
rapidamente	snel
realmente	echt

advérbios / bijwoorden

simplesmente	gewoon
seriamente	serieus
felizmente	gelukkig
algumas vezes	soms
raramente	zelden
suficiente	genoeg
primeiramente	eerst
antes	voor
depois	na
entretanto	echter
nunca	nooit
recentemente	recentelijk
então	dan
frequentemente	vaak
normalmente	gebruikelijk

advérbios / bijwoorden

melhor	beter
bem	goed
bastante	veel
em vez de	liever
completamente	nogal
então	dus
também	ook
pouco	beetje
longe	ver
muito	erg
quase	bijna
já	al
desde	sinds
de repente	opeens
realmente	inderdaad

Bebê — Baby

Criança — Kind

Menino — Jongen

Garota — Meisje

Adolescente — Tiener

Mulher — Vrouw

Homem — Man

Adulto — Volwassene

Amigo — Vriend

Primo — Neef

Colega — Collega

Amor — Liefde

Amizade — Vriendschap

Felicidade — Geluk

Alegria — Vreugde

esporte / sport

	 (tennis player)	

TIME — TEAM — SPELER

JOGADORA — SPELER

ESTÁDIO — STADION

FUTEBOL — VOETBAL

ÁRBITRO — SCHEIDSRECHTER

BOLA — BAL

COLETE — JERSEY

TREINAMENTO — TRAINING

CLASSIFICAÇÃO — RANGLIJST

HIPISMO — PAARDRIJDEN

CICLISMO — WIELRENNEN

NATAÇÃO — ZWEMMEN

TREINADOR — COACH

FERIMENTO — BLESSURE

ATLETISMO — ATLETIEK

Governo — Regering
Política — Politiek
Presidente — President
Prefeito — Burgemeester

Mundo — Wereld

País — Land
Povo — Mensen
Continente — Continent

Cidade grande — Stad
Cidade — Dorp
Parque — Park

Empresa — Bedrijf

Ilha — Eiland
Deserto — Woestijn
Hospital — Ziekenhuis

Rede Social	Usuário	Publicar

Sociaal netwerk	Gebruiker	Publiceren
Compartilhar	**Conteúdo**	**Inscrever-se**

Delen	Inhoud	Abonneren
Notícias	**Anúncio**	**Seguir**

Nieuws	Adverteren	Volgen
Conta	**Canal**	**Pesquisar**

Account	Kanaal	Onderzoek
Comentário	**Conversar**	**Link**

Reactie	Chat	Link

INTERNET

60

Teclado  Toetsenbord	Notebook Laptop	Rede 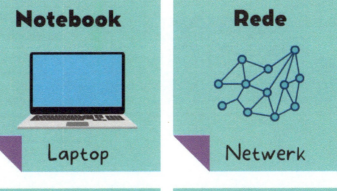 Netwerk
Senha  Wachtwoord	Impressora  Printer	Tela  Scherm
Cabo  Kabel	Controle  Controller	Baixar  Download
Fones de ouvido  Koptelefoon	Calculadora 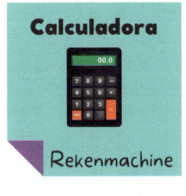 Rekenmachine	Pen-drive  USB stick
Videogames  Videospellen	Programa  Software	Arquivo  Bestand

INTERNET

INTERNET

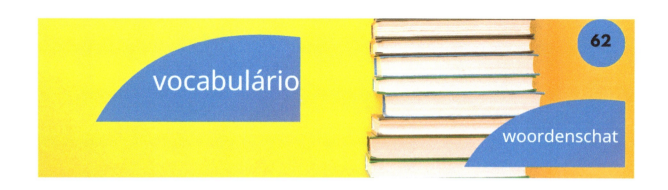

vocabulário / woordenschat

problema	probleem
ideia	idee
pergunta	vraag
resposta	antwoord
pensamento	gedachte
espírito	geest
começo	begin
fim	einde
lei	wet
vida	leven
morte	dood
paz	vrede
silêncio	stilte
sonho	droom
peso	gewicht

vocabulário

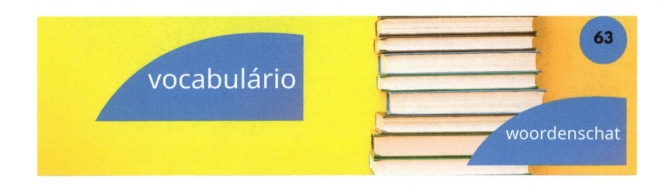

woordenschat

opinião	mening
coisa	ding
erro	foutje
fome	honger
sede	dorst
escolha	keuze
força	kracht
foto	foto
robô	robot
mentira	leugen
verdade	waarheid
barulho	geluid
nada	niks
tudo	alles
metade	half

ferramentas
gereedschap

MACHADO	FURADEIRA	COLA
BIJL	BOOR	LIJM

MARTELO	ESCADA	PREGO
HAMER	LADDER	SPIJKER

CHAVE DE FENDA	ANCINHO	CORTADOR DE GRAMA
SCHROEVENDRAAIER	HARK	MAAIER

SERRA	PAPELÃO	CARRINHO DE MÃO
ZAAG	KARTON	KRUIWAGEN

REGADOR	PARAFUSO	PÁ
GIETER	SCHROEF	SCHEP

vocabulário / woordenschat

alergia	allergie
gripe	griep
descanso	rust
medicação	medicatie
vacina	vaccinatie
antibiótico	antibiotica
febre	koorts
curar	genezen
saúde	gezondheid
infecção	infectie
sintomas	symptoom
contagioso	besmettelijk
doença	ziekte
dor	pijn
tosse	hoest

CIÊNCIAS / WETENSCHAP

Átomo	Atoom
Bactéria	Bacterie
Cécula	Cel
Química	Scheikunde
Biologia	Biologie
Microscópio	Microscoop
Molécula	Molecuul
Cálculo	Berekening
Resultado	Resultaat
Adição	Optelling
Subtração	Aftrekking
Divisão	Deling
Multiplicação	Vermenigvuldiging
Parênteses	Tussen haakjes
Porcentagem	Percentage

cidade
stad

UNIVERSIDADE
UNIVERSITEIT

FÁBRICA
FABRIEK

PRÉDIO
GEBOUW

PRISÃO
GEVANGENIS

PREFEITURA
STADHUIS

PONTE
BRUG

CASTELO
KASTEEL

CEMITÉRIO
BEGRAAFPLAATS

CHAFARIZ
FONTEIN

TÚNEL
TUNNEL

ZOOLÓGICO
DIERENTUIN

TRIBUNAL
RECHTBANK

CIRCO
CIRCUS

CASSINO
CASINO

LABORATÓRIO
LABORATORIUM

MATERIAIS / MATERIALEN

Algodão  Katoen	Madeira  Hout	Tijolo  Baksteen
Concreto  Beton	Lã 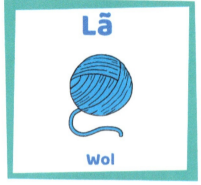 Wol	Couro  Leer
Metal  Metaal	Mármore  Marmer	Aço  Staal
Porcelana  Porcelein	Argila  Klei	Plástico  Plastic
Borracha  Rubber	Papel 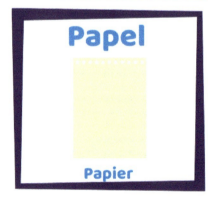 Papier	Areia  Zand

Terra / Aarde

terremoto aardbeving 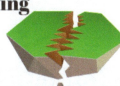	**fogo** vuur 	**campo** veld 
avalanche lawine 	**tornado** tornado 	**penhasco** klif 
oceano oceaan 	**vulcão** vulkaan 	**duna** duin 
onda golf 	**colina** heuvel 	**geleira** gletsjer 
selva oerwoud 	**vale** vallei 	**caverna** grot 

música  muziek

ORQUESTRA	**MÚSICA**	**MÚSICO**
ORKEST	LIEDJE	MUSICUS

GUITARRA	**CANTORA**	**PIANO**
GITAAR	ZANGER	PIANO

BATERIA	**VIOLINO**	**TROMPETE**
DRUMSTEL	VIOOL	TROMPET

LETRA DA MÚSICA	**PÚBLICO**	**VOZ**
SONGTEKST	PUBLIEK	STEM

MICROFONE	**PALCO**	**VOLUME**
MICROFOON	PODIUM	VOLUME

Endereço
Adres

Envelope
Envelop

Caixa de correio
Postbus

Correspondência
Post

Carimbo
Postzegel

Fatura
Rekening

Salário
Salaris

Eletricidade
Elektriciteit

Assinatura
Abonnement

Gás
Gas

Pacote
Pakket

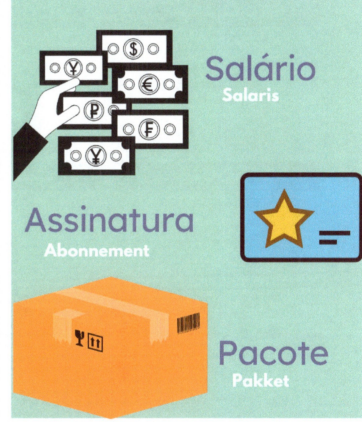

Carteiro
Postbode

Enviar
Versturen

Comprar
Kopen

Vender
Verkopen

ecologia
ecologie

72

RECICLAR
RECYCLE

MEIO AMBIENTE
OMGEVING

POLUIÇÃO
VERVUILING

PESTICIDAS
PESTICIDEN

ORGÂNICO
BIOLOGISCH

VEGETARIANO
VEGETARISCH

ENERGIA
ENERGIE

CARVÃO
STEENKOOL

GASOLINE
BENZINE

NUCLEAR
NUCLEAIR

ECOSSISTEMA
ECOSYSTEEM

FAUNA
FAUNA

FLORA
FLORA

TEMPERATURA
TEMPERATUUR

ÁRTICO
ARCTISCH

Printed in Poland
by Amazon Fulfillment
Poland Sp. z o.o., Wrocław